VERLAG HANSEATISCHE EDITION

BERND SCHRÖDER

SPÜREN,
DASS
ES UNS
GIBT!

Weihnachten 1988
Deine Bärbel

ILLUSTRATIONEN ALEXANDRA FELBINGER

Mit den „einfachen" Worten
kann mehr und deutlicheres gesagt werden
als mit den großartig
verschwommenen, die schließlich nichts
oder alles bedeuten können

Hermann Hesse

SICH-ÖFFNEN

Auf dem Boden von
Zärtlichkeit und Nähe ohne Enge,
Gemeinsamkeit ohne Selbstaufgabe,
Lebens- und Sinnesfreude ohne Oberflächigkeit,
könnte das wachsen,
was wir L i e b e nennen,
die für uns
so wichtig ist
wie für die Blume das Licht.

Wenn meine Hände zärtlich
über deine Haut wandern,
keine Grenzen vorfinden,

wenn deine Worte sanft
wie Musik klingen,
keine Ablehnung enthalten,

wenn unser Lächeln aufmunternd
wie Handauflegen wirkt,
kein Routinelächeln ist, dann

weiß ich, daß
wir ein Seil aus
Hoffnung und Zuversicht
geknüpft haben,
stark genug, um
unsere Träume zu halten.

EIN BUNTER FLECK IM GRAUEN ALLTAG

Wie eine Schneeflocke,
so sanft und leicht,
so tanzend und fröhlich trat'st
du in mein Leben.

Schon bald spürte
ich die Unterschiede
zwischen Hell und Dunkel,
zwischen Kälte und Wärme.

DEINE MACHT ÜBER MICH

Getrennt sein von dir
schmerzt körperlich wie
eine offene Wunde.

Das einzige Pflaster, das
diese Wunde
schließen kann,
ist deine Nähe.

Seligkeit kehrt dann ein,
wenn ich deine Nähe
wahrnehmen kann.

SCHLAFLOSE NACHT

Wenn schlaflos
die Stunden vergehen,
vor mir der Tag
als Feind wächst,
dann füllt sich
mein Herz
mit Gedanken
an dich.

UNSER TRAUM

Zu zweit
auf eine Insel
verschwinden, die
Alltagsgedanken
hinter uns lassend und
wenn wir aufwachen, dann
hat sich das Licht verändert...

NÄHE

Ohne Vertrauen — keine Offenheit,
ohne Offenheit — kein Verständnis,
ohne Verständnis bleiben
wir uns fremd.

WUNDERTÜTE

Unsere Schale
haben wir ein wenig
öffnen können,
Seele und Körper schützen wir,
Wärme und Zärtlichkeit spüren wir,
Nähe und Raum erleben wir,
Wünsche und Gedanken teilen wir.

Doch Entdecken bringt auch
Enttäuschungen

Nähe und Ferne,
Vergangenheit und Gegenwart
mischen sich
in deinem Haar, als
ich es zärtlich streichelte.

Die Ferne von einst,
die Nähe von heute.

DYNAMISCH BLEIBEN

Streben wir nicht
das tödliche Gleichmaß,
sondern
die lebendige Schwingung
an.

NACHDENKEN

Manchmal
versucht man
die Fesseln
der Vergangenheit
zu lösen, ohne
zu wissen,
wie sie geknotet sind.

WAHRHEIT

Vom Gleichklang
unserer Seelen ist nichts geblieben,

der Mißklang
unserer Worte ist stärker geworden,

der Einklang
der ersten Zeit ist verstummt.

Es dauert nur noch eine kleine Weile,
dann fallen wir
wie ein durchgeschnittener Apfel
auseinander.

SANDUHR

Wir wollten es
anders machen als
die anderen, doch
heute wissen wir,
versprechen und halten
sind zweierlei.

Was noch zu sagen ist:

Du bist mir
immer noch
sehr nahe,
ein Stück
von mir, wenn
auch ein sehr schmerzendes.
Es gibt Reste, die
nicht aufzulösen sind.

WANDERSCHAFT

Du wolltest
auf nichts verzichten
und
hattest alle Türen
hinter dir geschlossen.

Wer versucht schon,
den Wind aufzuhalten?

ALLER ANFANG IST...

Deine Worte von
gestern abend
spülte ich
heute morgen
unter der Dusche
ab, nun
nehme ich
stückweise Abschied von
der Vergangenheit...

WIR GLAUBTEN ZU LIEBEN

Als ich dich wollte —
habe ich dich bekommen.

Als ich dich brauchte —
warst du da.

Ich stellte Ansprüche,
als du mich brauchtest...

Am ersten Abend
wollte ich deine Hand,
du gab'st mir deinen kleinen Finger...

Am nächsten Morgen
war das Bett neben mir leer,
ich konnte nicht abwarten...

Vorüber
ist der „Frühling",
die bunten Farben
der Liebe
erlebten wir.

Der „Herbst"
zieht ein,
wir werden
Farbe bekennen müssen.

KLEINES INTERMEZZO

Ein Feuer der Leidenschaft
brannte in uns,
hell und durchlässig
war der Rausch,
eine Reise des Entdeckens begann.

Vertraut und
doch fremd
waren wir uns,
wir hatten nichts gemeinsam —
nur die Anziehungskraft.

WIR STEHEN NICHT MEHR DORT, WO WIR WAREN

Böse Vorwürfe,
gegenseitige Vorhaltungen,
harte Anklagen und
falsche Erwartungen waren
die Spielkarten,
laufend schoben
wir uns
den Schwarzen Peter zu.

Das Vergangene
steht nicht mehr zur Wahl,
laß uns vorwärts- und
nicht zurückdenken, wir
haben uns
beide verändert.

SEELISCHE BUCHFÜHRUNG

Wozu
alte Wunden
aufreißen, es
gibt kein zurück.

Mein Herz ist
wieder offen.

Sonnen- und
Regentage
hatten wir
gemeinsam erlebt.

Beim aufkommenden
Gewitter
herrschte Unruhe.

Bin ich jetzt
wetterfest
durch Erfahrungen
für stürmische Zeiten?

VERGISSMEINNICHT ODER OFFENHEIT TUT WEH

Du warst mein Leben —
manchmal weniger.

Du warst mein Zusammen-Leben —
ohne zusammenzuwachsen.

Du warst mir Halt —
in dieser haltlosen Zeit.

Du brauchst jetzt deinen Freiraum —
ich kann dich nicht festhalten und

tropfenweise spürte ich, wie
sich das Sammelbecken
der Gefühle leerte.

Leer und enttäuscht,
ausgehöhlt und zerstückelt —
so waren meine Gefühle
nach deinem Rückzug.

Der Verlust
ließ mich wachsen.

HEUTE IST NICHT GESTERN

Gestern,
da lagen wir
nebeneinander unter
einer mächtigen, alten Weide
im hohen Gras.
Meine Hand
lag ruhig in
deiner Hand und
wir schauten
durch die Äste
in den Himmel.

Heute,
da liege ich
alleine unter
dieser mächtigen, alten Weide,
ins Leere greift
meine Hand nicht …

HELL UND DUNKEL

Es gibt Momente, in
denen es dunkel
um uns ist
wie in einer Nacht.

Dann ist es wichtig,
kleine Schritte in
Richtung Licht
zu machen, denn
auf eine Nacht
folgt immer wieder
ein Morgen.

VERÄNDERUNG

Der Mensch
braucht den Wechsel
von Einsamkeit
und Gemeinschaft
so nötig wie
den von Tag und Nacht.

SCHWEBEBALKEN

So wie
Tag und Nacht,
Körper und Seele,
zusammengehören,
so sind
Glück und Unglück
auch untrennbar.

Wer die Tiefe
nicht kennengelernt hat,
hat nicht gelebt.

Wenn das
aber alles ist,
was einer kennt,
dann hat er ebenfalls
nicht gelebt.

… UND ANGENOMMEN WERDEN

Zuhören,
das ist nicht nur
Anhören,
sondern zu verstehen suchen.
Viele hören zwar an,
aber nicht zu.

Ich möchte
einfach zuhören,
ohne zu bewerten.

Komm, setz dich zu mir …

Achtung
habe ich vor Menschen,
die nicht über Menschen urteilen,
dem anderen nicht Angst
sondern Vertrauen einflößen,
die zu kämpfen gelernt haben
und dennoch nicht hart geworden sind,
die nicht nur Geld und Ratschläge geben,
die sich Zeit nehmen.

Ich will nicht,
deine Erwartungen erfüllen,
mit Ansprüchen überhäuft werden,
mit Vorwürfen ein Gespräch beginnen,
mit Forderungen konfrontiert werden.

Ich möchte
akzeptiert werden, mit
allen Fehlern,
Schwächen und
kleinen Ängsten,
ich möchte
unbeholfen und
offen sein.

Ich weiß, es ist nicht einfach.

MUT?

Keine Angst
werde ich haben,
zärtlich zu sein,
schwach zu sein,
mal zu weinen,
mal zu verlieren,
mal zu verweilen oder
etwas zu versäumen.

Ich habe nur Angst,
daß andere
Angst
davor haben werden.

GLÜCK — das sind für mich
weder die künstlich erworbenen Statusobjekte,
weder die Erfüllung meiner (Tag-) Träume,
noch das vierblättrige Kleeblatt auf der Wiese.

GLÜCK — das will erarbeitet werden, aus eigener Kraft.
GLÜCK — das erfüllt oder erschüttert.
GLÜCK — das ist der totale Augenblick, jetzt.

GLÜCK — was ist das für dich?

1984 (DAS ORWELL-JAHR)

Wenn ich älter bin, was wird sein?

Werde ich noch jung sein?
Werde ich noch lachen können?
Werde ich noch zuhören können?
Werde ich noch kämpfen können?

Was wird sein, wenn ich älter bin?
Werde ich noch lernen wollen?
Werde ich noch lieben können?

DIE WUNDEN SIND VERNARBT

Verzeihen
heißt nicht vergessen —

vielleicht aber wieder
neues Vertrauen gewinnen.

VERLORENE JAHRE?

Beide wußten wir,
daß unsere Freundschaft
am Anfang schon
das Ende war, trotzdem
erwärmten wir uns,
obwohl wir nicht froren.

HERBSTFARBEN

Wir sind
keine Zahnräder, die
für immer ineinanderpassen.

Wir sind
Wesen, die
wachsen und
ihre Form
verändern.

Wollen wir beide
zusammenbleiben,
müssen wir uns
miteinander verändern.

EIN RÄTSEL?

Sie ist ein zartes,
empfindsames Etwas.
Sie kann zerbrechen
bei einem heftigen Windstoß
des Gemüts.

Doch ist sie da,
strömt sie
Zärtlichkeit und Wärme aus.

KLEINE LIEBESERKLÄRUNG

Anders
ist die Stunde,
der Tag,
die Nacht geworden.

Anders wurden auch
wir beide.

Nicht anders
ist meine Sehnsucht
nach dir geworden.

ETWAS NEUES

Mit meinem Körper
spreche ich zu dir,
wie es mein Kopf
nicht vermag.
Folge mir
an die äußerste Grenze
meines Körpers,
folge mir
in dem Maße,
in dem ich mich
in dir verlieren kann.

TAUFE EINER FREUNDSCHAFT

Dein Blick war es nicht,
der mich festhielt.

Der Klang deiner Stimme war es nicht,
der mich aufhorchen ließ.

Der Geruch deines Körpers war es nicht,
der micht anzog.

Deine Gesten waren es,
die mich fröhlich stimmten.

Du bist die Entspannung
in meiner Anspannung.

WORTE REICHEN NICHT IMMER AUS

Liebe —
sie ist die Frucht
an unserem Baum.

Doch nicht die Frucht trägt
den Baum, sondern
der Stamm.
Der Stamm nährt
die Frucht —
ohne Stamm verdorrt
die Frucht.

Ernten
möchte ich mit dir
nicht nur die Frucht —
auch den Stamm
möchte ich mit dir
pfleglich behandeln.

EINE KURZE EWIGKEIT

Erinnerst du dich noch?
Hand in Hand
liefen wir über's kalte Gras,
unseren warmen Atem
spürten wir bei der
zärtlichen Umarmung,
Worte waren überflüssig

Wir hatten warme Gefühle
bei all den kalten Dingen um uns herum.

Kein wildes und
gieriges Küssen
war es — es war mehr —
ein Suchen,
ein Spürenwollen,
ein Hineinfühlen
in den anderen.

PFLEGE

Manche pflegen ihr Auto — gründlich mit Wasser.
Manche pflegen ihren Garten — liebevoll mit der Harke.
Manche pflegen ihren Körper — intensiv mit Seife.

Dieses tun auch wir.

Unsere Freundschaft wollen wir
gründlich, mit Achtung der Eigenheit,
liebevoll, mit Vertrauen und Offenheit,
intensiv, mit Wärme
pflegen.

SPÜREN, DASS ES UNS GIBT

Du, mit dir möchte
ich keine Grenzen vorfinden.

Du, mit dir möchte
ich das Vergängliche einplanen.

Du, mit dir möchte
ich das Wesentliche erkennen.

Du, mit dir möchte
ich die Stille aufnehmen.

Du, mit dir möchte
ich das Träumen nicht vergessen.

Du, mit dir möchte
ich ein Bäumchen pflanzen.

SEIN

Weißt du noch,
wir gingen auf dem Deich entlang,
die Abendvögel begleiteten uns,
der Mond am Horizont greifbar nahe,
der Wind blies uns warm ins Gesicht
und wir,
wir wollten nur Sein.

Der Wind spielt
mit den Zweigen der Bäume.
Das Schicksal spielt
mit den Menschen.

Menschen lernen
sich kennen,
man liebt sich,
doch oft muß man
sich wieder trennen.

Alle Erinnerungen
kann der Mensch
aus seinem Gedächtnis
auslöschen,
meiden kann er das Licht,

doch wen er liebt,
den wird er nie vergessen.

ANGST VERHINDERT VERTRAUEN

Warten
bedeutet im Kreis sich zu bewegen.

Loslassen können
bedeutet einen Weg gefunden zu haben.

Auf dem Weg
zu unserem Ziel
geben wir viel,
oft kreuzt
die Vergangenheit
unseren Weg,
wir kämpfen weiter
um das Jetzt und Morgen.

BIS ANS ENDE UNSERER TAGE

Wir wollen uns treu sein —
auf unsere Art und Weise,
wir ändern ständig unsere Werte —
daher kann auf Dauer Treue nicht erfüllt werden,
wir lernen, uns selbst treu zu sein —
wir haben Vertrauen zueinander und
wir stehen in keiner Zeit und Pflicht.

OUVERTÜRE

Wärme gibst du
in einer kalt gewordenen Zeit,

Licht bist du
in der hereinbrechenden Dunkelheit,

wie eine nie gehörte Melodie bist du,
und läßt Träume Wirklichkeit werden.

GROSSE LIEBESERKLÄRUNG

Du bist nicht die,
von der ich einst träumte...
du bist nun die,
mit der ich nach vorne blicke...

Verzweifelte Nächte,
in denen die Welt sich dreht,
und der Tag mich zurückholt.

Freudlose Tage,
an denen ich alles vergessen möchte,
kommen und gehen.

Dazwischen deine Lebendigkeit,
du, zeig mir den Weg zum Morgen.

Unsere Gegensätzlichkeit bedeutet
Spannung,
Reibung,
aber auch Bereicherung.
Wacher und lebendiger
werden wir.

MELANCHOLIE

Es wird Frühling —
nicht nur in der Natur.
Du und ich,
das ist so
eine Möglichkeit.
Es wird Frühling —
auch in meinem Herzen.

SICHERHEIT AUF RATEN?

Frag nicht jeden Augenblick,
warum es so ist,
ich bin dir jetzt nah,
heute genau wie gestern.
Morgen werden wir
das neu überprüfen müssen.

PENDEL

Nun stehe ich da,
zwei Frauen spielen
ein Lied in meinem Herzen,
warme Gefühle entstehen,
in der Woge des Rausches keimen
Zweifel, Schuldgefühle.
Unterschwellig wächst Angst.
Verletzungen werfen Schatten.

Nun stehe ich da,
denke über die Möglichkeit
einer Unmöglichkeit nach.

NEUE DIMENSION

Als ich in dir
eine Insel fand,
wurde ich neugierig,
fand einige schöne Oasen,
an denen ich mich erfreuen konnte.

Zur unerschöpflichen Quelle
bin ich unterwegs...

(KARTE AN MICH...)

Deine Briefe häufen sich,
kenne jedes Wort,
Telefongespräche bringen
unsere Stimmen näher,
dein lächelndes Foto
an der Wand bleibt stumm,
meine Sehnsucht
strömt zu dir,
und
wann kommst du?

MOMENTAUFNAHME

Die kleine Angst nimm mir,
wenn Zweifel aufkommen;
lach mich an,
damit ich seh', du beachtest mich.

Deine warme Hand reich mir,
wenn meine Seele friert;
drück leicht zu,
damit ich spür, du bist mir nah.

Der Verstand
hebt den Zeigefinger,
wir wissen, die Regenbogenfarben verändern sich,
laß uns unseren Tagtraum.

VERÄNDERUNG BRAUCHT ZEIT

Unterwegs zu neuen Ufern
bin ich,
ich will wachsen,
alleine,
ich brauche Raum und Zeit,
um herauszufinden
was in mir ist,
und die Zeit
wird uns eine Antwort geben...

MANCHMAL...

Im Gras liegen,
die Arme als Kissen
unter dem Kopf verschränkt,
eine Decke aus Sonnenstrahlen,
dahinziehende Wolken —
vom Alltag möchte ich
nicht aufgefressen werden.

DIE KLEINEN DINGE DES ALLTAGS

Wer sich freuen kann, über
ein Wort der Liebe, über
den Duft einer Blume, über
eine kleine Geste der Höflichkeit, über
den Gesang eines Vogels, über
das Lächeln eines Kindes,
ist nicht allein.

Das Erste Buch von
Bernd Schröder
…wer träumt, lebt noch…
hatte ein überwältigendes Echo.
Viele Menschen riefen ihn
an, schrieben ihm Briefe und suchten
das Gespräch mit ihm.
Sie alle bestätigten seine Absicht: Lyrische Texte
müssen nichts sein, was weit entfernt ist,
entrückt — sondern „Texte zum Anfassen",
offene Worte, verständliche Poesie.

…wer träumt, lebt noch…
erhalten Sie für 14,80 DM in jeder
Buchhandlung.

Copyright 1988
HANSEATISCHE EDITION GMBH
Mühlenkamp 31
2000 Hamburg 60
Telefon 040/279 10 05
Nachdruck, auch auszugsweise, nur
mit Genehmigung des Verlages.
Alle Rechte vorbehalten.
ISBN 3-921 554-54-3